A MON GRAND-PÈRE.

A mes Parents.

A M. CESTIA,

VICE-PRÉSIDENT DU TRIBUNAL DE PREMIÈRE INSTANCE, A TARBES.

1850

ACTE PUBLIC

POUR LA LICENCE,

EN EXÉCUTION DE L'ART. 4, TIT. 2, DE LA LOI DU 22 VENTOSE AN 12

SOUTENU

PAR M. PAUL BORDÈRES,

Né a Bordeaux (Gironde.)

JUS ROMANUM.

De verborum obligatione.

Verborum obligatio, vocata quoque stipulatio, contractus erat quâdam verborum solemnitate conceptus, et cujus frequentissimus erat usus; enim in omni obligatione licitâ intervenire poterat. In primis temporibus singulariter reservata civibus romanis, mitigatione morum postea accepta fuit etiam cum extraneis. Leges quæ stipulationem constituunt, dicunt quâ ratione contrahitur illa, finem et modos ejus. Sub hac triplice divisione de verborum obligatione generaliter disseremus.

1° *Quâ ratione contrahebatur verborum obligatio.*

Verborum obligatio contrahebatur ex interrogatione et responsione, cùm quid dari fierive sibi stipulabatur. Ergo verba singulariter erant vinculum juris à quo existebat obligatio. Adeò certa est hæc sententia, ut semper esset obligatio, quamvis consensum vitiavisset quilibet casus, dictis formulis. Sed notandum est solum adstringi illum qui interrogationi responsione responderat, quia stipulatió non erat ultrò utroque obligatio.

Interrogatio dicebatur, stipulatio ; responsio vocabatur promissio; qui stipulabatur, reus stipulandi; qui promittebat reus promittendi habebatur.

Olim verba enunciata in stipulationibus hæc erant : Spondes? spondeo. — Promittis? promitto. — Fidepromittis? fidepromitto. — Fidejubes? fidejubeo. — Dabis? dabo. — Facies? faciam. Solis civibus romanis erat propria stipulatio; sed posteà hæc severitas repulsa fuit; extraneus potuit illâ uti, verba solennia sublata fuerunt; nec necesse fuit eâdem linguâ utrumque uti. Itaque omnium stipulationum firmitas erat, dùm utraque pars sensum et consonantem intellectum habuisset licet quibuscumque verbis expressum fuisset.

2° *Stipulationum finis.*

Non solùm res sed etiam facta in stipulatum deduci poterant. Cùm res deducebantur stipulatum certum erat vel incertum. Certum, ait Gaïus, cùm ex ipsa pronunciatione apparebat quid, quale quamtumque sit in illâ. Cùm facta deducebantur, optimum erat, aiebat Justinianus, pænam subjicere in hujusmodi stipulationibus, ne quantitas stipulationis in incerto esset, ac necesse esset actori probare quid ejus interesset.

3° *Modi stipulationum.*

Omnis stipulatio aut purè, aut in diem, aut sub conditione fiebat.

Pura erat stipulatio, cùm fiebat, nec die, nec conditione adjunctis, veluti : *Quinque aureos dare spondes?* Idque confestìm peti poterat, scilicet, ut aiebant, dies cessit ac dies venit simul

In diem erat stipulatio, cùm res exigi poterat solùm in præstitutam diem. Tum certè erat nomen confestìm, sed solus pecuniæ dies morabatur, scilicet statim dies cesserat; sed nondùm venerat. Nam ut dixit Justinianus, id quod in diem stipulamur, statim quidem debetur; sed peti priùs quam dies venerit non potest. Autem notandum est, cùm ad tempus deberi non posset, stipulationem purè esse quâ, gratiâ, aliquis reo stipulandi decem aureos annuos quoad viveret spondebat. Hæc obligatio pure facta intelligebatur.

Indicatio loci, in quo pecunia solvenda erat, diem instituebat ; autem si rei executio impossibilis esset, veluti, hodiè Carthagine dare spondes? Stipulatio talis erat inutilis, quia non habebat tempus injectum.

Sub conditione stipulatio fiebat, cùm in aliquem casum differebatur obligatio; veluti, si Titius consul fuerit factus, quinque aureos dare spondes? Conditionali stipulatione reus promittendi adstringebatur certe ergà reum stipulandi, ita ut, hoc mortuo antè conditionis eventum, ejus spes in heredem transmissa fuisset ; sed dùm casus non evenerit, nec dies cedet, nec veniet.

Conditio erat vel casualis, vel potestiva, vel mixta; ejus executio esse poterat quoque difficillima; autem inutilis videbatur stipulatio sub conditione impossibili factâ, vel adversa juri publico aut bonis moribus. Conditiones etiam quæ ad præteritum vel præsens tempus referebantur obligationem infirmabant.

CODE CIVIL.

DE LA JOUISSANCE ET DE LA PRIVATION DES DROITS CIVILS.

Art. 7 *à* 33.

La loi civile reconnaît à tous les membres de la société certaines facultés qui s'exercent dans les rapports privés de la vie.

Ces facultés sont de diverses natures ; ainsi: tantôt, l'homme, maître absolu de son patrimoine, résultat ordinaire d'un travail long et pénible, jouit de tous les droits attachés à la propriété , droits que les utopies de nos jours , dominées par la raison , ne sauraient lui contester ; tantôt, modifiant son état , il entre dans une famille , par une union consacrée par les lois; tantôt il demande à l'adoption ce que la nature lui a refusé, ou que la volonté divine a ravi à ses affections ; tantôt aussi , il en recueille lui-même les bénéfices. Ces facultés qui s'exercent avec bien d'autres dans les rapports des personnes privées entre elles , constituent les droits civils. Généreuse et bienfaisante pour tous, la loi civile appelle tous les membres de la nation à la jouissance de ces droits; mais juste autant que généreuse, elle frappe l'homme qui répudie sa patrie, ou qui, par ses actes, se place vis-à-vis de la société dans une position défavorable, Elle le prive de ces droits en tout ou en partie. Jouissance et privation des droits civils , telle est la base de tout droit privé. Je vais traiter de l'une et de l'autre.

JOUISSANCE DES DROITS CIVILS.

Tout Français, dit l'article 8, jouira des droits civils. Si je ne consultais que cette disposition du code, j'inclinerais à croire que la loi refuse le bénéfice de ces droits à tout homme qui ne peut pas justifier de ce titre qui fait notre gloire. Mais nos législateurs, fidèles au sentiment de générosité qui présida toujours à leurs travaux, ont admis l'étranger à la jouissance de ces droits, dans certaines limites et à certaines conditions.

Ne devant m'occuper que de la jouissance, ou propriété pour ainsi dire des droits civils, je ne parlerai point de l'usage, c'est-à-dire pour parler le langage de la loi, de l'exercice de ces mêmes droits qui (art. 7), est indépendant de la qualité de citoyen, laquelle ne s'acquiert et ne se conserve que conformément à la loi constitutionnelle, c'est-à-dire, quand on est Français, mâle et majeur.

Jouissance des Droits civils attachée à la qualité de Français.

Puisque en principe, la jouissance des droits civils est attachée à la qualité de Français (art. 8), il importe de savoir quand on est Français. On possède cette qualité par droit de naissance ou par un bienfait de la loi.

On est Français par droit de naissance.

Pour résoudre ce cas, il faut observer que l'individu dont on veut déterminer la condition peut se trouver dans l'une des trois situations suivantes ; il est: ou enfant légitime, ou enfant naturel reconnu par ses père et mère ou par l'un d'eux seulement, ou bien il est enfant naturel non reconnu. Un principe général et absolu régit le premier cas. L'enfant légitime suit toujours la condition de son père, au moment de la conception. L'enfant est-il conçu hors du mariage, il suivra toujours, qu'il soit né en France ou à l'étranger , la condition de l'auteur qui l'a reconnu , s'il n'est reconnu que par son père ou par sa mère naturels. Dans le premier cas , il suivra la condition qu'aurait son père au moment de la conception. Dans le second cas, on choisit le moment de la grossesse le plus favorable à l'enfant. Est-il reconnu par ses deux auteurs naturels, je déciderai pour lui ce que j'ai décidé pour l'enfant légitime. Plusieurs arrêts ont déterminé ma conviction. Enfin, je place l'enfant dans la troisième hypothèse. Comme alors rien ne le rattache légalement à ses père et mère , je me crois autorisé à dire que l'enfant est Français par cela seul qu'il est né en France.

On est Français par un bienfait de la loi. Ce résultat s'opère de six manières.

PREMIER CAS.

L'enfant qui naît en France d'un étranger conserve toujours la qualité de son auteur. Cependant la loi lui permet de devenir Français par l'accomplissement de certaines conditions qu'elle lui impose. Ainsi, (article 9) dans l'année qui suivra l'époque de sa majorité, c'est-à-dire à l'âge de vingt-un ans accomplis, il pourra réclamer cette qualité , pourvu que dans le cas où il résiderait en France , il déclare que son intention est d'y fixer son domicile , et que dans le cas où il résiderait en pays étranger , il fasse sa soumission de fixer en France son domicile , et qu'il l'y établisse dans l'année à compter de l'acte de soumission. Il résulte donc de cet article que l'enfant né en France d'un étranger , qui a laissé passer l'année qui suit l'époque de sa majorité sans se conformer aux dispositions de l'art 9, ne pourra devenir Français que par la naturalisation. J'ajouterai que j'ai vu avec plaisir nos législateurs d'aujourd'hui repousser naguère la modification de l'article précité qu'on leur proposait, et qui voulait que l'enfant né en France d'un étranger devint Français par le fait seul du silence gardé par lui dans l'année qui suit sa majorité. C'était, comme on l'a fort bien dit, le rendre Français par surprise.

DEUXIÈME CAS.

Le Français qui s'expatrie, soit pour tenter les chances de la fortune, soit pour chercher ailleurs une existence plus conforme à ses goûts, n'abjure pas son titre par ce fait seul. C'est sa propriété tant qu'il la conserve pure de toute tache frappée par la loi. Il la transmet (art. 10) aux enfants auxquels il donne le jour sur la terre étrangère; mais si, par une des circonstances prévues par le code, il a perdu cette qualité, la loi, par une faveur toute spéciale (art. 10) place ses enfants en dehors de cette situation, en leur permettant de réclamer la qualité de Français conformément aux dispositions de l'art 9. L'enfant de l'ex-Français, né en France sera, je crois, traité aussi favorablement quoique le code n'ait point prévu ce cas.

TROISIÈME CAS.

La femme suit toujours la condition de son mari. Par conséquent (art. 12) la femme étrangère qui aura épousé un Français deviendra française.

QUATRIÈME CAS.

La qualité de Français s'obtient encore par l'adjonction à la France d'un territoire nouveau.

CINQUIÈME CAS.

Un contrat tacite-entre le gouvernement et un individu suffit pour donner à ce dernier la qualité de Français.

SIXIÈME CAS.

On devient encore Français par la naturalisation. Ce mode de devenir Français est le plus régulier et le plus remarquable. Au chef souverain seul appartient le droit de statuer sur la naturalisation.

Jusqu'à présent la loi avait reconnu trois sortes de naturalisations.

Tantôt l'étranger était soumis à un stage de dix ans (constitution de l'an VIII. — Décret du 17 mars 1809.)

Tantôt un an seulement de domicile donnait des droits à la naturalisation (sénatus-consulte du 19 mars 1808.)

Tantôt enfin elle était conférée de plein droit, sans condition de stage lorsque l'étranger avait rendu de grands services à l'Etat (ordonnance royale du 4 juin 1814.)

Ce dernier mode, appelé grande naturalisation donnait avec la jouissance des droits civils la plénitude des droits civiques.

La loi du 12 décembre 1849 a modifié les choses établies.

Dans les cas ordinaires, l'étranger qui s'est soumis aux dispositions de l'art. 13 du code, fera statuer sur sa naturalisation par le président de la République, après enquête faite par le gouvernement sur sa moralité, et sur l'avis favorable du conseil d'Etat.

Dans les cas exceptionnels, l'étranger peut être naturalisé après un an seulement de domicile en France, lorsqu'il y a apporté soit une industrie, soit des inventions utiles, sont des talents distingués, ou qu'il y a formé de grands établissements.

L'étranger naturalisé ne jouira de la plénitude des droits civiques qu'en vertu d'une loi, la naturalisation ne lui conférant que la plénitude des droits civils.

Jouissance des droits civils accordée aux étrangers: à quelles conditions et sous quelles limites.

Rédigée, je l'ai déjà dit, dans un esprit de générosité, la loi civile a admis l'étranger à jouir en France des droits civils ; mais quelles limites sont imposées à cette jouissance? L'étranger, dit l'article 11, jouira en France des mêmes droits civils que ceux qui sont ou seront accordés au Français par les traités de la nation à laquelle cet étranger appartiendra. Tel est le principe ; mais il a été modifié en partie par une loi du 14 juillet 1819, qui proclame que l'étranger pourra recevoir en France, par succession ou par donation, comme le Français lui-même. Le principe de l'art. 11 reste donc entier pour les autres droits civils. Cependant il est un cas, le seul il est vrai, où la loi, mettant de côté le système de réciprocité émis par l'art. 11, appelle l'étranger à la plénitude des droits civils. En effet, art. 13, l'étranger qui a été autorisé par le gouvernement à établir son domicile en France, y jouira de tous les droits civils, tant qu'il continuera d'y résider.

Mais la jouissance des droits civils est-elle conférée aux étrangers dans toute la plénitude accordée aux Français ? La raison de douter nous est fournie par la loi elle-même. L'article 13 donne à l'étranger admis à établir son domicile en France, la jouissance de tous les droits civils, tant qu'il continuera d'y résider. Si donc il transporte son domicile sur une terre étrangère, soit volontairement, soit par suite du retrait de l'autorisation qui lui avait été accordée, il est déchu de ses prérogatives, tandis que cette jouissance n'échappera au Français que par la perte de sa qualité. Comme autre différence, je citerai l'obligation imposée à l'étranger demandeur en toutes matières autres que celles de commerce, de fournir caution pour le paiement des frais et dommages-intérêts résultant du procès, à moins qu'il ne possède en France des immeubles d'une valeur suffisante pour assurer ce paiement (art. 16). Le Français est dispensé de cette formalité.

Avant de traiter de la privation des droits civils, je ferai remarquer les mesures sages que la loi a prises à l'égard des obligations contractées entre Français et étrangers, soit en France soit en pays étranger. L'exécution peut toujours en être poursuivie devant les tribunaux français (art. 14 et 15). L'importance de ces dispositions résulte de ce que les jugements rendus en pays étrangers ne reçoivent leur exécution en France qu'après avoir été revus et déclarés exécutoires par un tribunal français. Il est donc plus simple, si le Français ou l'étranger ont des biens en France, qu'ils soient assignés d'abord devant les tribunaux français.

PRIVATION DES DROITS CIVILS.

Si la jouissance des droits civils est presque un droit naturel, elle ne forme cependant pas un droit irrévocablement acquis à chacun. Nous verrons en effet la loi la retirer à celui qui abjure sa qualité de Français, et au citoyen criminel qu'une condamnation judiciaire a placé en dehors de la société. Je vais, en peu de mots, m'occuper de l'un et de l'autre cas.

De la privation des droits civils par la perte de la qualité de Français.

La qualité de Français se perd de cinq manières :

1° *Par la naturalisation acquise en pays étranger.* — Art. 17. Se faire naturaliser sans autorisation en pays étranger, c'est abdiquer, d'une manière bien évidente, le titre glorieux de Français, c'est renoncer à tous les droits civils en France. Un pareil résultat néanmoins n'est attaché à la naturalisation sollicitée en pays étranger qu'autant qu'elle est acquise à celui qui l'a demandée.

2° *Par l'acceptation non autorisée par le gouvernement de fonctions publiques conférées par un gouvernement étranger.* — Art. 17. Le Français qui, sans autorisation, met ses talents et son activité au service d'un gouvernement étranger, devait être traité comme Français naturalisé sans autorisation.

3° *Par tout établissement fait en pays étranger sans esprit de retour.* — Art. 17. Les établissements de commerce, continue le même article, ne pourront jamais être considérés comme ayant été faits sans esprit de retour. Je crois cependant que ces établissements témoignent de l'absence de tout esprit de retour, si, à cette circonstance viennent

n joindre d'autres. Toutefois, le Français ne sera jamais présumé de
ein droit avoir renoncé à sa qualité. La preuve devra en être faite
r celui qui y aura intérêt.

4° *La femme cesse d'être française par son union avec un étranger,*
t. 19. — Cet article est la consécration de l'idée la plus vraie et la
is belle de la religion, c'est-à-dire que la femme en s'unissant à
omme forme avec lui un seul tout, et embrasse par conséquent sa
ndition.

Cependant l'individu placé dans l'une des trois premières situations
umérées, et la femme mariée à un étranger, mais devenue veuve,
urront recouvrer leur qualité première en se conformant aux dispo-
ions de la loi, contenues dans les articles 18 et 19.

Ainsi le Français, dont il est question dans les trois premiers cas,
urra toujours recouvrer sa qualité, à la condition qu'il rentrera en
ance avec l'autorisation du gouvernement; il devra, en outre, faire
déclaration qu'il veut y fixer son domicile (art. 18). Ce même arti-
e ajoute qu'il devra renoncer à toute distinction contraire à la loi
nçaise.

Cette dernière disposition de notre article a eu dans le principe pour
jet les titres de noblesse proscrits en France lors de la rédaction du
de. Depuis il a été permis à chacun de conserver ses noms et quali-
ations de famille. Cependant la révolution de 1848 est revenue sur
pensée des législateurs de 1808; elle a aboli l'usage des titres de
blesse dans les actes publics, les tolérant toutefois dans les rapports
vés. Je crois donc qu'aujourd'hui ces mots : *Renonciation à toute dis-
ction contraire à la loi Française*, doit s'entendre de l'usage des
res de noblesse dans les actes publics. Néanmoins, là n'est point
nportance principale de notre article. Par *toute distinction contraire*
a loi, nous devons entendre les dignités, les qualités, les titres héré-
aires acceptés d'une puissance étrangère. Par un avis du conseil d'E-
, du 21 janvier 1821, il a été déclaré que tout titre étranger héré-
aire, manifeste de la part du Français qui l'a accepté, même avec

autorisation, l'absence de tout esprit de retour. Par conséquent la qualité de Français ne peut être recouvrée sans renonciation à ce titre.

La femme Française, mariée à un étranger, mais devenue veuve, pourra recouvrer également sa qualité première, pourvu qu'elle réside en France ou qu'elle y rentre avec l'autorisation du gouvernement et en déclarant qu'elle veut s'y fixer (art. 19).

J'ajouterai avec l'art. 20 que les individus qui recouvreront la qualité de Français, dans les cas prévus par les art. 10, 18 et 19, ne rentreront point dans la jouissance de leurs droits civils rétroactivement et à partir du jour même où elle a été perdue, mais seulement après l'accomplissement des conditions qui leur ont été imposées.

5° enfin, art. 21. — Le Français qui, sans autorisation du gouvernement, prend du service militaire chez l'étranger, ou s'affilie à une corporation étrangère, perd sa qualité de Français.

Le cas prévu par cet article est le plus grave à mes yeux. Aussi la loi se montre-t-elle très sévère. L'insensé qui refuse à sa patrie le secours de ses bras pour le donner à une patrie étrangère est traité plus défavorablement que l'étranger. Il ne peut rentrer en France sans l'autorisation du gouvernement, et il ne peut redevenir Français qu'en se soumettant à un stage de dix ans; enfin il est frappé par la loi criminelle qui châtie le Français assez dénaturé pour avoir porté les armes contre sa patrie.

Privation des droits civils par suite de condamnations judiciaires.

La privation des droits civils par suite de condamnations judiciaires est partielle ou totale. La privation partielle a lieu dans la dégradation civique, dans l'interdiction à temps de certains droits civiques, civils et de famille, et dans la déportation. Quant à la privation totale des droits civils, comme elle n'est autre chose que la mort civile, il importe de dire ce qu'on entend par mort civile, quand elle a lieu, et quels sont ses effets.

Qu'entend-t-on par mort civile? — La mort civile, art. **22**, est le ré-
ultat de condamnations à des peines dont l'effet est de priver celui qui
st condamné de toute participation aux droits civils, à l'exception ce-
endant des droits indispensables à son existence naturelle.

Quand a lieu la mort civile? — La mort civile est la conséquence de
a condamnation à la mort naturelle, ou à certaines peines afflictives
erpétuelles quand la loi y attache expressément cet effet, art. **23** et
rt. **24.**

Pour déterminer le moment où commencent les effets de la mort
ivile, il faut distinguer entre les condamnations contradictoires et les
ondamnations par contumace.

Les condamnations contradictoires (art. **26**), n'emportent la mort ci-
ile, qu'à compter du jour de leur exécution, soit réelle, soit par effigie.

Je crois que par ces mots, à compter du jour de l'exécution, le
égislateur a voulu dire, que la mort civile produit des effets à partir
lu moment de l'exécution; car, si le condamné mourrait pendant
'intervalle de la condamnation à l'exécution, une heure seulement
vant l'exécution, pourrait-on dire qu'il est mort incapable? Je ne le
rois pas. J'incline à penser le contraire et à dire qu'il transmettrait à
es héritiers ses droits aux successions qui auraient pu s'ouvrir à son
rofit, et que son testament, s'il en avait fait un, serait valable.

Pour apprécier le moment de la mort civile, dans les condamnations
ar contumace, je distingue trois périodes :

Dans la première (art. **27**), celle de cinq ans à partir de l'exé-
ution par effigie, le condamné est privé de ses droits civils (art.
28.) Cependant il rentrera dans l'exercice de ses droits (art. **29**.) si, dans
e délai, il se présente devant la justice d'une manière volontaire ou
orcée. Le jugement par contumace sera anéanti de plein droit; l'accusé
era jugé de nouveau, et si, par ce nouveau jugement, il est condamné
à la même peine ou à une peine différente, emportant la mort civile,
lle n'aura lieu qu'à compter du jour de l'exécution du second jugement.

Dans la seconde période, qui commence à l'expiration des cinq ans et dure quinze ans, le condamné peut se présenter pour faire purger la contumace.

S'il est absous par le nouveau jugement, ou condamné seulement à une peine qui n'emporte pas la mort civile, il rentre dans la plénitude de ses droits civils pour l'avenir (art. 30), et à compter du jour où il aura reparu en justice. Mais le premier jugement n'est point anéanti de plein droit, à tel point, que le condamné mort dans la seconde période, n'est pas réputé mort dans l'intégrité de ses droits comme dans la première.

Dans la troisième période, qui comprend tout le temps qui s'écoule, depuis l'expiration de la seconde jusqu'à la mort du condamné, celui-ci est irrévocablement mort à la société; il a prescrit contre elle le droit d'être poursuivi, pour le même fait (art. 32); mais aussi (art. 641 du Code d'inst. crim.) la société a prescrit contre lui le droit de se faire juger désormais contradictoirement.

Effets de la mort civile.

L'article 25 énumère les différents droits civils, dont la jouissance est enlevée au mort civil. Ces droits, dont on le dépouille, sont les plus chers à l'homme. Le mort civil voit sa succession ouverte au profit de ses héritiers ; la justice le repousse de son sanctuaire. Son mariage est dissous civilement; il ne peut point contracter une nouvelle union ; il ne lui reste pas même la douce consolation de laisser aux siens les biens qu'il a pu acquérir depuis la mort civile encourue. L'état (article 33), à sa mort naturelle, s'en rend propriétaire; lui seul peut en disposer au profit des héritiers du mort civilement.

Avant de terminer, je ferai remarquer quelques vices dans cette théorie de la mort civile.

L'homme qui est sous le coup d'une condamnation judiciaire particulière, qui a pour conséquence la mort civile, est considéré comme mort à la société; il est privé de la jouissance des droits civils. Tel est le principe. Je viens de signaler quelques-uns de ces droits; ils sont, on le sent, de la plus haute importance. Cependant, il est certains autres droits civils dont l'importance les élève presque à la hauteur des premiers, et que néanmoins, cet homme, que la loi ne peut plus considérer comme un membre de la société, peut exercer librement.

Ainsi, le mort civilement peut faire des actes de commerce; il peut vendre, acheter, opérer des trafics; il peut, par conséquent, s'engager, aliéner, et partant, poursuivre en justice (sous le nom d'un curateur, il est vrai) ses débiteurs. Il remplira, dans ces différents cas, autant d'actes qui sont le privilége des personnes capables.

Il pourra, en outre, recevoir par donation entre vifs ou testamentaire. Recevoir est encore la conséquence de l'exercice d'un droit civil.

Le condamné en jouit; il n'est donc pas mort sous tous les rapports aux yeux de la loi civile, qui proclame que le condamné n'aura que la jouissance de ces droits dont l'exercice est indispensable à son existence naturelle.

Je pourrais encore signaler quelques inconséquences dans les effets de la mort civile, encourue par condamnation contumace.

Je suppose deux hommes condamnés par contumace à la peine de mort. L'un est coupable, l'autre est innocent. Le premier se présente pendant la première période, et par un concours imprévu de circonstances, il est déclaré innocent, ou, du moins, il n'est pas condamné à une peine qui entraîne la mort civile, et il meurt quelques jours après. Tout le passé est oublié; cet homme est mort dans l'intégrité de ses droits; ses enfants se partageront la succession; ils jouiront peut-être aussi de l'estime publique. Le second, au contraire, ne s'est point présenté, il est mort dans les premiers jours de la seconde période. Il est donc mort privé de ses droits civils; ses enfants hériteront de la honte attachée au nom de leur père; ils ne devront qu'à la générosité de l'Etat de recueillir la succession; leur père est mort quelques jours trop tard. S'il était mort dans la première période, il serait mort dans l'intégrité de ses droits.

Un pareil résultat n'aurait point lieu, si les condamnations par contumace ne commençaient leurs effets qu'à partir d'un délai qui serait toujours invariable.

Il ne m'appartient pas de critiquer la loi. Elle est telle, je la respecte même dans sa sévérité. *Dura lex, sed lex.*

CODE DE COMMERCE.

Des commissionnaires pour achats et ventes.

La célérité est l'élément indispensable de la prospérité du commerce ; aussi la loi qu règle les opérations commerciales a-t-elle aplani pour elles la plupart des difficultés de forme qui pouvaient gêner leur marche rapide. Elle a fait plus : elle a créé, pour être mis au service du commerce, des agents intermédiaires qui facilitent et entretiennent les relations des commerçants entre eux. Ces agents sont des courtiers, des agents de change, des commissionnaires, selon la nature de la mission qui leur est confiée, et pour laquelle ils sont spécialement désignés par la loi. Je ne dois m'occuper ici que des commissionnaires pour achats et ventes.

Nous devons à la législation de **1807**, la création des commissionnaires. Jusqu'à cette époque cependant, quoique aucun acte législatif ne se fût occupé des commissionnaires, les commerçants prenaient à leur service des agents qui remplissaient le même office. Mais des usages très divers régissaient seuls les rapports du commerçant avec son mandataire. Des règles fixes et uniformes ont remplacé ce vague de jurisprudence arbitraire.

Le commissionnaire, dit l'art. 91 du code de commerce, est celui qui agit en son propre nom, ou sous un nom social pour le compte d'un commettant.

3

L'art. 92 ajoute : Les devoirs et les droits du commissionnaire qui agit au nom d'un commettant, sont déterminés par les lois du code civil relatives au mandat.

Le commissionnaire n'est donc autre chose qu'un mandataire. Gardons-nous cependant de les confondre l'un avec l'autre, tandis que plusieurs différences les séparent. Le commissionnaire en effet, agissant en son propre nom, s'oblige personnellement et s'engage avec les tiers. Le mandataire, au contraire, n'agissant qu'au nom de son mandant, engage ce dernier sans s'engager lui-même. D'un autre côté, le mandat est gratuit s'il n'y a stipulation contraire, art. 1986, C. civ., tandis que le commissionnaire a toujours droit à un salaire. Enfin le commissionnaire est soumis à la juridiction commerciale; le mandataire est soumis aux lois civiles. Cependant dans certains cas, nous le verrons plus bas, le commissionnaire est soumis aux règles du mandat.

Le commissionnaire, instruit du cours de la place, est tantôt chargé d'acheter certaines marchandises pour être expédiées à son commettant. Tantôt il lui arrive d'une autre place sur la sienne, certaines marchandises dont son commettant lui confie la vente. Dans les deux cas il agit presque *arbitrio suo*; il fait naître des obligations réciproques entre les tiers, son commettant et lui. Quel est donc l'acte qui lui transfère un pouvoir si absolu ; c'est un contrat passé entre son commettant et lui, et qui porte le nom de contrat de commission. Comment a lieu ce contrat, quels sont ses effets et comment est-il résolu ?

Comment s'établit le contrat de commission.

Le contrat de commission s'établit ou verbalement, ou par écrit, ou bien tacitement, entre deux personnes commerçantes ou non.

Comme contrat, la commission a ses règles qui sont celles du mandat, telles qu'elles sont établies par le code civil, ou celles de la commission déterminées par le code commercial, selon les cas.

Effets du contrat de commission.

Le contrat de commission a pour effet de faire naître des obligations entre le commissionnaire et le commettant, et de créer des rapports entre le commissionnaire et le commettant avec les tiers.

Obligations du commissionnaire.

En sa qualité d'agent salarié, le commissionnaire est soumis à une responsabilité des plus rigoureuses ; il répond de ses fautes même les plus légères. Ainsi, il doit apporter dans l'achat des marchandises qu'il est chargé de faire, la même sollicitude que s'il agissait pour son propre compte. Il ne peut pas acheter à un prix autre que celui indiqué par son commettant ; il doit se conformer en tous points aux instructions qu'il a reçues, et donner à son commettant toutes les informations qui pourraient lui être utiles.

Lorsque le commissionnaire est chargé de vendre, il est tenu, lors de la réception des marchandises, de remplir les obligations imposées au dépositaire.

Il est responsable du prix des marchandises, lorsqu'elles périssent par sa faute. Ce prix sera celui qu'avaient, lors de l'événement, les marchandises de même espèce et quantité.

Il ne peut faire de vente qu'au prix indiqué, soit par la facture, soit par les instructions que son commettant lui a fait connaître.

Il ne pourra vendre à crédit qu'autant qu'il en aura reçu l'ordre ; dans ce dernier cas, il doit faire à l'échéance, les recouvrements et les poursuites convenables.

Enfin, lorsqu'il ne peut pas vendre les marchandises qui lui ont été données, il les renvoie à son commettant, après l'avoir prévenu et après avoir reçu ses ordres à cet égard.

Obligations du Commettant.

La commission comme le mandat, oblige le commettant à rembourser au commissionnaire les avances et frais qu'il a faits pour remplir sa mission. Ce remboursement est obligatoire, s'il n'y a aucune faute imputable au commissionnaire.

Le commettant doit payer au commissionnaire le droit de commission qui est simple ou double, suivant les cas.

Indépendamment de l'action donnée au commissionnaire pour le remboursement de ses avances, interêts et frais, il lui a été accordé pour sûreté de ce remboursement, un privilége établi ou sur la valeur des marchandises qu'il est chargé de vendre, tant qu'elles sont en dépôt, ou bien sur le prix de ces marchandises, quand elles sont vendues. Ce privilége, dans le premier cas, ne lui appartient qu'aux conditions suivantes : Il faut que les marchandises lui aient été expédiées d'une autre place; qu'elles soient à sa disposition, ou qu'il justifie qu'expédition lui en a été faite. Il doit prouver, enfin, qu'il a fait les avances en vue des marchandises.

Rapports du commettant et du commissionnaire avec les tiers.

Il résulte de ce que les rapports du commissionnaire avec les tiers sont les mêmes que s'il avait agi pour son propre compte, que les actions qui naissent soit de l'achat, soit de la vente des marchandises, sont étrangères au commettant. Le commissionnaire seul poursuit les tiers pour l'accomplissement des transactions consenties. Cependant, en vertu de l'art. 1166 du Code civil, le commettant peut exercer contre les tiers les droits du commissionnaire, en cas d'insolvabilité de celui-ci.

Les tiers à leur tour, n'ayant point d'action directe contre le commettant, pourront, en invoquant le même principe de l'art. 1166, exercer contre lui les droits du commissionnaire insolvable.

Comment le contrat de commission est résolu.

Comme le mandat, la commission cesse par la révocation du commissionnaire; par la renonciation de celui-ci à la commission ; par la mort
naturelle ou civile, l'interdiction, la faillite, la déconfiture, soit du commettant, soit du commissionnaire.

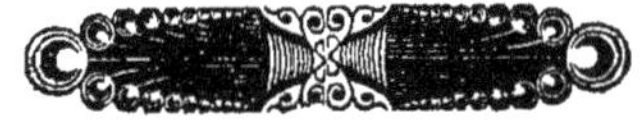

CODE ADMINISTRATIF.

. DE L'ACTION POSSESSOIRE DANS SES RAPPORTS AVEC L'ACTION ADMINISTRATIVE.

L'action possessoire, la plus importante des actions, puisque la possession est la source première de la propriété, appartient toujours à la compétence judiciaire. Devant le juge de paix de l'objet litigieux, doivent être portées les actions possessoires (Code de Procédure, art. 3). Au juge de paix seul appartient donc la connaissance de cette action, qu'elle soit élevée entre les propriétaires indivis d'un terrain communal ; qu'elle soit intentée contre une commune, contre un département, soit encore que le litige ait pour objet la jouissance d'un cours d'eau.

Ainsi, je me plains de ce qu'une partie de mon terrain m'a été enlevée par une commune, le juge de paix n'excèdera pas ses pouvoirs en ordonnant l'arpentage du terrain qui fait l'objet de la demande, pour voir si la commune n'a point envahi ce terrain. (Ordonnance du 11 janvier 1826.)

Un trouble est apporté à la jouissance d'une eau navigable ou non navigable, ou d'une usine établie sur un cours d'eau, le juge de paix sera compétent pour juger l'action possessoire que ce trouble a fait naître. (Code de procédure, art. 3. — Loi du 25 mai 1838.)

Le juge de paix connaîtra encore des questions de possession relatives aux chemins vicinaux, soit que leur vicinalité ait été reconnue, soit qu'elle ne l'ait pas encore été. Dans tous les cas, en effet, le possesseur riverain sera fondé à s'adresser aux tribunaux, pour faire reconnaître, s'il y a lieu, sa possession, afin de réclamer, à tout événement, l'indemnité à laquelle il peut avoir droit.

L'action possessoire, comme le prouvent les exemples que je viens de fournir, se rattache quelquefois à une question administrative. Cette circonstance ne trouble en rien l'harmonie des deux pouvoirs; mais certains rapports naissent entre l'action portée devant le tribunal judiciaire et l'action administrative. Tantôt, en effet, l'action possessoire, née d'une décision administrative, régularise la situation des parties devant l'administration. Tantôt, les deux tribunaux s'éclairent de leurs décisions réciproques.

Par un arrêté de l'administration, la nouvelle largeur d'un chemin vicinal a été fixée. La situation du propriétaire riverain va changer. Attaqué dans sa possession méconnue par l'autorité administrative, il se pourvoit devant le pouvoir judiciaire pour faire respecter ses droits. Sa possession est reconnue; l'indemnité à laquelle il a droit est fixée. Sa position est donc régularisée devant l'administration. Cette dernière restera bien libre dans sa sphère ; son action, loin d'être entravée, continuera son cours ; mais les droits du propriétaire riverain seront reconnus et respectés.

Le juge du possessoire est souvent arrêté dans sa marche par une question administrative qui lui est opposée par les parties. Dans ce cas, ces dernières sont renvoyées devant l'autorité administrative pour qu'elle ait à juger la question préjudicielle, et la décision de celle-ci déterminera souvent la décision du juge de paix.

Ainsi, sur une action possessoire, le défendeur soutient que le terrain en litige est un chemin vicinal et par conséquent imprescriptible. Le juge de paix doit surseoir, jusqu'à ce qu'il ait été statué, par l'autorité administrative, en conservant toutefois la connaissance de l'action, parce que les actions possessoires sont de son ressort seul. Et s'il est décidé par l'autorité administrative que le terrain en litige n'est point un chemin vicinal, le juge de paix, devra alors statuer sur l'action possessoire portée devant lui.

La même affaire présente ici un double germe de juridiction. Chaque germe se développera devant un tribunal différent. Tel est le principe de la divisibilité de compétence ; telle est aussi la loi du 24 août 1790. Les deux pouvoirs seront libres dans leur sphère respective ; mais néanmoins les deux actions , dans l'espèce , seront liées par des rapports intimes , à tel point que la décision de l'une des deux autorités fera souvent naître celle de l'autre.

Il serait facile de multiplier les exemples pour prouver les rapports qui existent entre l'action administrative et l'action possessoire. Je me borne à ceux que j'ai signalés. J'ajouterai seulement que ces rapports ne vont jamais jusqu'à contrarier la liberté respective de ces deux pouvoirs , et que jamais l'un d'eux ne peut empiéter sur l'autre, le principe de la séparation des pouvoirs, comme l'a fort bien dit M. Chauveau, étant un de nos principes constitutionnels les plus essentiels.

Cette thèse sera soutenue en séance publique, devant la faculté de Droit de Toulouse, le   avril 1850.

Le président de la Thèse,
DUFOUR.

TOULOUSE ,
IMPRIMERIE DE LAGARRIGUE,
Allée Lafayette, 5.

9 782019 994440